Discovery Education 探索·科学百科（中阶）

2级A3 泰坦尼克与冰山

全国优秀出版社
全国百佳图书出版单位

广东教育出版社　学乐

中国少年儿童科学普及阅读文库

探索·科学百科™ 中阶

泰坦尼克与冰山

[澳]路易丝·帕克⊙著

郭格格(学乐·译言)⊙译

2级A3

探索·科学百科

Discovery
EDUCATION™

全国优秀出版社
全国百佳图书出版单位
广东教育出版社

广东省版权局著作权合同登记号
图字：19-2011-097号

本书原由 Weldon Owen Pty Ltd 以书名*DISCOVERY EDUCATION SERIES · Danger, Iceberg!*（ISBN 978-1-74252-171-8）出版，经由北京学乐图书有限公司取得中文简体字版权，授权广东教育出版社仅在中国内地出版发行。

图书在版编目（CIP）数据

Discovery Education探索·科学百科.中阶.2级.A3，泰坦尼克与冰山/［澳］路易丝·帕克著；郭格格（学乐·译言）译. —广州：广东教育出版社，2014.1
（中国少年儿童科学普及阅读文库）
ISBN 978-7-5406-9317-6

Ⅰ.①D… Ⅱ.①路… ②郭… Ⅲ.①科学知识—科普读物 ②海滩救助—少儿读物 Ⅳ.①Z228.1 ②U676.8-49

中国版本图书馆 CIP 数据核字(2012)第153863号

Discovery Education探索·科学百科（中阶）
2级A3 泰坦尼克与冰山

著 ［澳］路易丝·帕克　　译 郭格格（学乐·译言）

责任编辑 张宏宇 李 玲 丘雪莹　　**助理编辑** 李颖秋 于银丽　　**装帧设计** 李开福 袁 尹

出版 广东教育出版社
　　　地址：广州市环市东路472号12-15楼　邮编：510075　网址：http://www.gjs.cn
经销 广东新华发行集团股份有限公司　　　　　　　**印刷** 北京顺诚彩色印刷有限公司
开本 170毫米×220毫米　16开　　　　　　　　　　**印张** 2　　　**字数** 25.5千字
版次 2016年5月第1版 第2次印刷　　　　　　　　　**装别** 平装

ISBN 978-7-5406-9317-6　　**定价** 8.00元

内容及质量服务 广东教育出版社 北京综合出版中心
　　　　　电话 010-68910906 68910806　　网址 http://www.scholarjoy.com
质量监督电话 010-68910906 020-87613102　　**购书咨询电话** 020-87621848 010-68910906

目录 | Contents

一场灾难

"泰坦尼克"号是一艘远洋客轮,是当时世界上最大、最奢华的客运轮船。1909年到1912年间,由全世界最富经验的工程师们运用最先进的技术设计并制造。1912年4月10日,"泰坦尼克"号第一次下海,开始其处女航。这次航行从英国南安普顿出发,目的地为美国纽约,船上共有2 223人。在海上航行4天后,4月14日晚上11点多,"泰坦尼克"号撞上了冰山。2小时40分钟后,"泰坦尼克"号沉入海底。1 500多名乘客在事故中丧生。

针对这场悲剧的调查,引发了全世界范围内的海事相关法律的重要变革。

新闻图片

　　"泰坦尼克"号运用的先进制作技术和船上的安全设施在航行之前已经被公众所熟知，因此，"泰坦尼克"号失事让公众极为震惊。当时，报纸对这一事件的报道持续了很长一段时间。

TITANIC
DISASTER
GREAT LOSS
OF LIFE
EVENING NEWS

永不沉没的船？

　　"泰坦尼克"号所属公司——英国白星航运公司，并没有说过"泰坦尼克"不会沉没。直到船只真正失事，才有了"永不沉没"的说法。这一说法由《纽约时报》在灾难发生后第二天的报道中提出。

设计与建造

20世纪初，造船业蓬勃发展，竞争激烈。当时还没有飞机，想远涉重洋的游客只能乘坐海轮。大船运公司，如"泰坦尼克"号所属的英国白星航运公司，以舒适、安全、快捷的运输服务来参与市场竞争，吸引顾客。"泰坦尼克"号配备有2个蒸汽机、1个低压涡轮机、3个轮船推进器，最高时速为43千米。

"泰坦尼克"号细节

"泰坦尼克"号长270米，从龙骨到烟囱高53米。船身为密封设计，如果一个隔舱进水，水不会漫延至其他隔舱。

"泰坦尼克"号在爱尔兰的贝尔法斯特建造。

大小对比

"泰坦尼克"号几乎是当今世界上载客量最大的客机——空中客车A380的5倍长，是当今世界上最大的豪华邮轮"海洋绿洲"号的四分之三长。"海洋绿洲"号长363米。

空客A380　　　泰坦尼克号　　　海洋绿洲

钢铁船身

船身由数百万铆钉拼接的钢板制成。

舱壁

舱壁是钢铸的，把船身分成了16个区间。

造船厂

1909年3月31日，位于爱尔兰贝尔法斯特的哈兰德·沃尔夫造船厂开始建造"泰坦尼克"号。3 000多名工作人员用了三年时间，才最终完成船只建造和内部装饰。

头等客舱

头等客舱的乘客都是些国际有名的显赫人物，乘坐泰坦尼克号跨越重洋做生意或度假。

三等客舱

三等客舱有262个，装有松木镶板，条件比当时其他客轮上的三等客舱优越。

等舱餐厅

头等舱餐厅空间敞、装潢优雅，可容纳532位乘客同就餐。

二等舱

二等舱有162个。舱内配备有一个洗漱池。舱壁上装有两个或四个铺位，用帘子围起来，为乘客保留私人空间。

蒸汽引擎

船上有两个蒸汽引擎。159个煤炉加热29个锅炉，从而为引擎提供动力。

二等舱餐厅

二等舱的餐厅镶有橡木，十分宽敞，可以容纳400位客人同时就餐。

主厨房

主厨房很大，为头等舱、二等舱的乘客提供饮食。

三等舱餐厅

位于F层甲板，布置得明亮而舒适。

三等舱厨房

晚餐通常是米汤、腌牛肉配白菜土豆、桃子和米饭。

你知道吗？

头等、二等、三等舱位在船上处于不同的位置。头等舱大部分都位于甲板层之上，离救生船更近。

船舱

> "泰坦尼克"号可以运载的乘客和船员达3 547人。首航运载2 200多人，分别居住在头等、二等、三等舱和船员休息室里。头等舱中有一个高级区域，内有39个私人套间。每个套间都有5间房和私人散步空间。头等舱中另外350个舱位，价钱较私人套间低，一个舱位配备一张床。二等舱分为两床舱和四床舱。三等舱也被称为统舱，有两床舱和六床舱两种。除此之外，还有开放的通铺区。

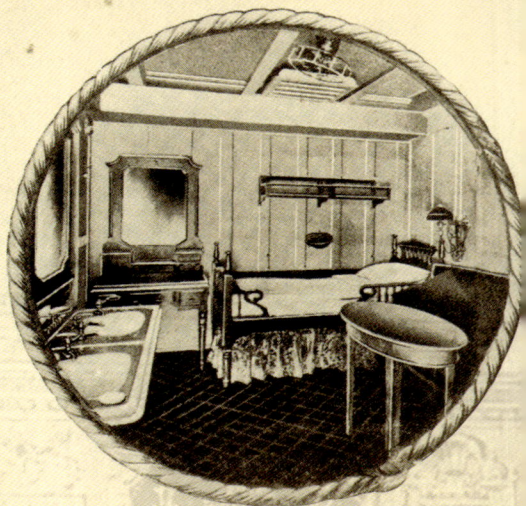

头等舱豪华房

　　豪华房用木料镶板装饰，室内陈设一流，配备有一张床、一张桌子、一把椅子、盥洗池和冷热自来水。

票价是多少？

　　头等舱套房的票价是870英镑，然而头等舱的一个舱位只需30英镑。二等舱票价为13英镑，而三等舱票价在3~8英镑之间。票价包括了所有餐饮费用。

图标

- 🟨 头等舱
- 🟩 二等舱
- 🟦 三等舱

私人套间

　　船上最奢华的，是头等舱的私人套间。私人套间包括一间卧室（卧室内有一张宫廷风格的床）、一个客厅、一间浴室、一间更衣室和一间佣人房。

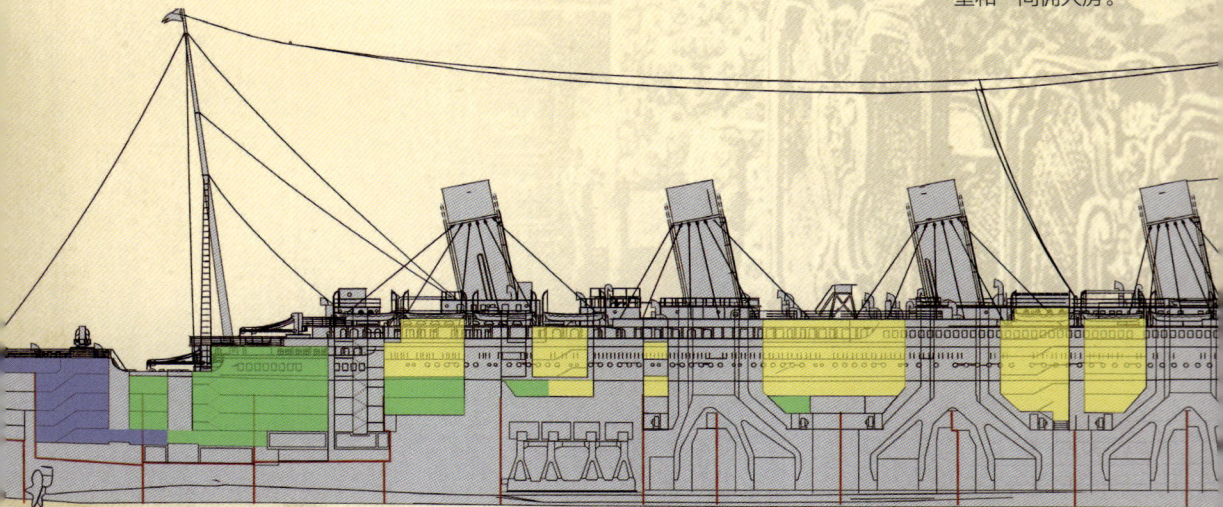

头等舱的装饰风格

头等舱遵循不同历史时期的风格装饰，如图中复制品所示。有些房间配备有大理石壁炉。

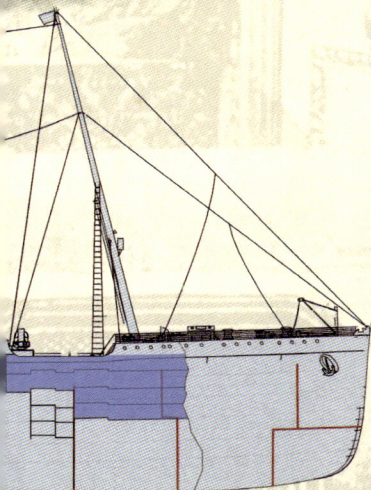

给所有人的奢华享受

虽然只有头等舱的装饰极尽奢华，但是"泰坦尼克"号的二等舱和三等舱的条件要优于其他客运轮船的同等舱位。白星公司希望尽可能地招徕顾客。三等舱的乘客大多来自于欧洲斯堪第纳维亚和爱尔兰地区，他们离开家乡，期望移民美国，追求更好的生活。

头等舱乘客　　　　三等舱乘客

船甲板

　　甲板上分别为头等舱乘客、二等舱乘客和官员准备了散步的区域。大部分救生艇都在此存放。

船上的生活

　　"泰坦尼克"号上的服务设施比当时其他豪华游轮更丰富。头等舱、二等舱有图书馆和理发店，三等舱提供一间宽敞的房子让乘客们在此会面。

　　以蒸汽为动力的发电机日夜不休，为船上照明和四座电梯的运转提供电力。船上还设有两架马可尼无线电设备，方便人们发送电报。除此之外，"泰坦尼克"号上还有一家医院和自己的日报。

豪华设施

头等舱乘客可以在热水游泳池、体育馆、壁球场内锻炼，或者享受土耳其浴等。头等舱乘客还可以在巴黎咖啡馆、美食沙龙中享用饕餮大餐。巴黎咖啡馆是以巴黎一间真正的路边咖啡厅为蓝本设计建造的。

体育馆

头等舱的乘客可以在体育馆内骑电骆驼、电动马、固定自行车，还可以用模拟划船器练习划船。

奢华的大楼梯

头等舱的乘客经过这个奢华的大楼梯进入船舱内部。楼梯往下5层直达 E 层甲板，从楼梯间到玻璃天窗高18米。每层楼梯间都有一个小天使模样的铜制台灯。整个楼梯还配有镀金扶手、橡木镶板。

土耳其浴室

土耳其浴室位于游泳池后，有一间蒸汽房、一间干蒸房、一间常温房、若干冲澡房和一间休息室。

船长爱德华·J.史密斯

　　62岁的史密斯船长是一名经验丰富的英国海军军官。"泰坦尼克"号的处女航是他退休前的最后一次航行。船只失事后未能寻回史密斯船长的遗体。

全体工作人员

" "泰坦尼克"号上共有男女工作人员899名，由船长爱德华·J.史密斯上尉指挥。舱面工作部包括一名警卫长、数位军官、储藏专家以及负责航行与导航的船员们。工程部由电工、消防员、锅炉工人和工程师组成，负责确保发动机正常工作和轮船正常航行。除此之外，还有乘务员、厨房、餐厅、邮政工作人员和音乐表演者，为乘客们的生活提供各种服务。

第一军官威廉·默多克

　　"泰坦尼克"撞到冰山时，默多克正在指挥台上指挥调转船头。他把乘客送上救生船，却牺牲了自己。

无线电报员杰克·菲利普斯

　　船只撞击冰山后，杰克·菲利普斯向外界发送了求助信号。他忠于职守，直到海水淹没了整个无线电报室也没有离开，牺牲了宝贵的生命。

"泰坦尼克"号上的军官们

图中8名军官，有4位随史密斯船长（下右二）一起葬身大海。船上899名工作人员，仅有215名死里逃生。

无线电报员哈罗德·布莱德

资深电报员哈罗德·布莱德与救援船只卡帕西亚号取得了联系。直到海水淹没了无线电报室，他都坚守在自己的岗位上。所幸最终获得救援。

乐队指挥莱士·亨利·哈特利

船上有两支乐队，指挥是哈特利。"泰坦尼克"号撞到冰山后，为了使乘客们镇定下来，乐队在甲板上继续合力演奏。生还者称，乐队坚持表演，直到最后一刻。最终，乐队成员全部遇难。

冰山巷

　　冰山巷距加拿大纽芬兰的东部和东南部400千米。冰山巷水域让人闻之色变，水域内遍布冰山、浮冰。正是该水域南部的一座漂浮冰山与"泰坦尼克"号相撞。据报道，1912年的冰冻季节中，跨大西洋航线上共有1019座大大小小的冰山，直到4月，部分冰山都未融化。

加拿大

纽芬兰

大 西 洋

圣·劳伦斯湾

圣约翰斯

弗莱米什海角

圣皮埃尔

哈利法克斯

大浅滩

冰山巷

北 美

纽约

3.冰山

　　4月14日晚上11点40分，两名观察人员发现了冰山。此时，"泰坦尼克"号位于纽芬兰的大浅滩南645千米。

大 西 洋

出发

　　"泰坦尼克"号的航线是从英国出发，以北美为目的地，要花6天时间。当时，这条横跨大西洋的旅行路线很热门。1912年4月10日，"泰坦尼克"号从英国南安普顿出发。头等舱的乘客中不乏社会名流。"泰坦尼克"起航时尾流过大，竟然把另一艘海轮——"纽约"号的锚绳冲散开来，使其脱离了泊位，两艘船越来越近，险些相撞。

冰山初现

　　观察员弗里德雷克·福利特当时正在观察台值班。他发现冰山时，冰山已经近在咫尺。他拉了3次警报器，然后呼叫指挥台："冰山就在前方！"第一军官默多克立即下令调转船头。

2.昆士敦

　　"泰坦尼克"号继续航行，来到了爱尔兰的昆士敦。许多爱尔兰人在昆士敦上船，准备移民美国。

2.昆士敦　　　　　　　　　　**南安普顿**

1.瑟堡

1.瑟堡

　　"泰坦尼克"号穿越英吉利海峡，停在法国瑟堡。在瑟堡，有人登船，有人下船。

欧 洲

非 洲

迈向大西洋

　　"泰坦尼克"号驶离爱尔兰海岸线之后，一路顺风迈向了大西洋。据报导，有人怂恿船长加快行驶速度，以打破穿越大西洋的时间纪录。

撞到冰山了

听到警报后，船员们开始调转船头，可惜为时已晚。锅炉房里，指示板上"暂停"键才刚刚亮起，就传来一声轰天巨响。冰冷刺骨的海水穿过锅炉房，水花四溅。"泰坦尼克"号撞到了距离纽约725千米的一座冰山上。船的一侧，90米长的厚钢板被撞得凹了下去。

" 冰山就在前方！"

1912年4月14日晚11点40分，观察员弗里德雷克·福利特，于"泰坦尼克"号观察台——发现冰山。

水

防水密封舱

"泰坦尼克"号有16个防水密封舱，即使其中4个进水，船只也不会下沉。但是，前5个舱在撞击中损坏并开始进水。

水面下的冰山

通常，一座冰山仅有十分之一会露出水面，另外十分之九藏在水面下，因而很难被发现。工作人员接到警报说附近区域内有冰山，还因此改变了航道。但是，当观察员发现冰山近在眼前时，船速已经过快，无法及时调转了。

最后两小时

　　史密斯船长意识到问题的严重性，立即走上指挥台下令停止行驶。他命令一位军官前去观察事态，并立即汇报情况。该军官与"泰坦尼克"号的一位设计师查看舱内详情后，告诉船长，船只能在海面上漂浮大约两个小时。12点刚过，史密斯船长下令：准备救生艇。

救生艇

"泰坦尼克"号上有20艘救生艇。其中1~16号是木制的，能容纳40或65人。A、B、C、D号救生艇可折叠，均可容纳47人。"泰坦尼克"号的救生艇，能营救1 178名乘客——占所有乘客的53%。然而，凌晨零点45分时，第一艘下水的救生艇上仅有28人。直到1点半，几乎所有的救生艇都已下水，但是此时大部分乘客和船员仍留在"泰坦尼克"号上。

1.排队

头等舱、二等舱的乘客排好队准备登上救生艇。但是三等舱的乘客却找不到通往救生艇甲板的路径。

木制救生艇

"泰坦尼克"号上原本可放下64艘木制救生艇，能救4 000多人。当时的法律规定，像"泰坦尼克"号这种规模的轮船至少应配备16艘木制救生艇。

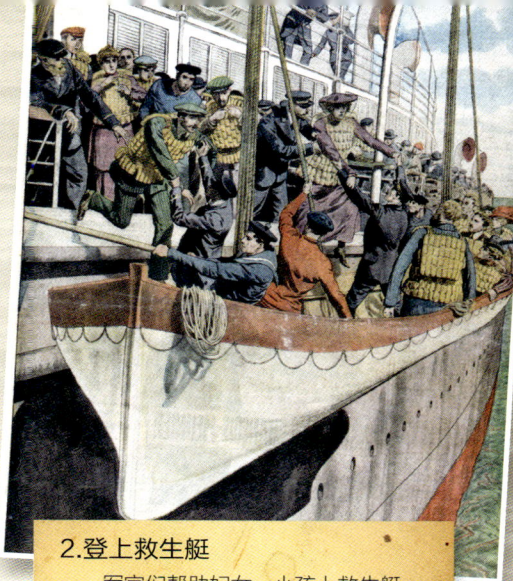

2.登上救生艇

　　军官们帮助妇女、小孩上救生艇。妇女小孩有优先权，因此，在此次事故中，男性死亡人数多于女性。

3.放救生艇下水

　　放下水时，很多救生艇甚至空了一大半。最先开始放下水的两艘救生艇上仅各有28名乘客。救生艇甲板到水面的距离为18米。

4.大逃难

　　"泰坦尼克"号沉没之前，共放下18艘救生艇。人们看到船马上就要沉了，乱作一团，争抢着要上最后几艘救生艇。让一些男性乘客上救生艇主要是需要他们划桨。

5.救生艇还救不救其他人？

　　"泰坦尼克"号沉没后，把救生艇划回来营救落入水中的乘客是可行的。但是，仅有两艘救生艇划回来救其他落水的乘客，因为大多数人处于恐惧当中。

船体破裂

> "泰坦尼克"号的船头灌入了海水,它开始下沉。凌晨1点40分左右,冰冷刺骨的海水淹没了船头。过了十几分钟,前井围甲板已经沉入水面,海水渐渐逼近 A 甲板附近的散步区,岌岌可危。凌晨2点5分,水已经淹到指挥台栏杆附近。随着船尾翘起,轮船推进器也露出了水面。整艘船斜插入水面,倾斜角度越来越大。2点10分,20艘救生艇已经放下去18艘,但是仍有1500个人困在船上,眼睁睁地看着自己命悬一线。

沉船经过

与冰山相撞后的一个小时里,人们并没有明显感觉到船在下沉,所以他们不相信船会沉没,也不愿意离开这艘安全的大轮船,跳上小小的救生艇。

最后一刻

2点17分,"泰坦尼克"号的无线电工作间发出了最后一声呼救信号。船尾翘得更高,所有没有固定的东西都纷纷坠入水面。船头的烟囱倒塌下来,砸死了一些乘客。有人跳入海中,希望能搭上救生艇。2点20分,"泰坦尼克"号上灯光全部熄灭,船头船尾分离开来。

1 海水涌入

海水沿着船身上的裂缝源源不断地涌入，前五个防水密封舱开始进水。

2 船头下沉

船头蓄水使得重量加大，开始沉入海面。船尾翘起，露出水面。

3 船身断裂

凌晨2点20分，船身从船尾两个烟囱中间断成两半。船头沉入海底。

4 断裂之后

船尾立起，浮在水面上。不一会儿，船尾蓄满了水，也沉入了海底。

你知道吗？

船身一分为二后，船头下沉，但是船尾却稳稳地浮在水面，呈水平状。不一会儿，船尾蓄满了水，又重新竖起，沉入了大海。

救援

从 凌晨12点15分开始，"泰垇尼克"号的电报员开始向外发送遇难信号。12点32分，"卡帕西亚"号回复："已改变航道前来救援。""卡帕西亚"号加速前行，但仍花了3个小时才到达"泰坦尼克"号失事地点。有些乘客因为在救生艇上已经待了3个多小时而被冻死。"卡帕西亚"号最终成功救援705名遇难乘客。

"卡帕西亚"号的无线电工作室
凌晨12点32分，大卫·赛尔诺夫在"卡帕西亚"号无线电工作室收到"泰坦尼克"号发出的遇难信号。

纪念奖章
"卡帕西亚"号船长亚瑟·亨利·罗斯特龙被授予这枚纪念奖章，以表彰他在救援行动中的英勇表现。

感谢救援

收到遇难信号时，"卡帕西亚"号正在"泰坦尼克"号93千米处。"卡帕西亚"号的船员奋力救援救生艇上的幸存者，把他们安置在自己的船上。他们为幸存者准备了干衣服、暖和的毯子、食物、饮料，并且为幸存者和罹难者进行了一个简短的祷告仪式。后来，幸存者们向"卡帕西亚"号船员赠予奖章，以感谢他们的救援行动。

"卡帕西亚"号船员

等待幸存者

　　4月15日早上8点50分左右，"卡帕西亚"号离开失事地点，当晚抵达纽约。人们纷纷来到纽约港观看救援船只，并欢迎幸存者的到来。

头条新闻

　　"泰坦尼克"号失事第二天，报纸头版头条充斥着各种未经查实的事故报道。

得到的教训

"泰坦尼克"号失事后，许多人对事故原因进行了调查。也因为这次事故，各国政府和航运公司进行了一系列改革来防止此类事故再次发生。为了避开冰山巷，跨大西洋航线也大幅度往南调整。同时，还成立了国际冰情巡逻队监测冰山，为船只提醒冰山的位置。

安全新规定

1913年，召开了第一次海上人身安全国际会议。会议制定了所有船只必须遵守的一系列规定。规定中有如下条款：每次航运中，必须进行救生艇使用培训和救生艇演习；必须确保每一位乘客都在救生艇上有一席之地；必须24小时安排人员在无线电工作室值班，确保收到其他船只发出的求救信号。

宏伟的"泰坦尼克"号，最后剩下的仅仅是这些救生艇。

参议员质疑

美国参议院调查委员会在事件发生后展开了调查。

你知道吗？

"泰坦尼克"号上共有乘客2223人，但是其客容量达3547人。如果船上客满，造成的人员伤亡会更多。

是悲剧还是诅咒？

许多人认为"泰坦尼克"号之所以失事，是因为受到了诅咒。有些迷信的人们认为事故的原因是白星公司没有按照惯例为船只举行洗礼及命名仪式。还有一些人认为，"泰坦尼克"号失事正应验了多年前一部小说中的预言，这本小说就是围绕一艘名叫"泰坦"的船展开的。

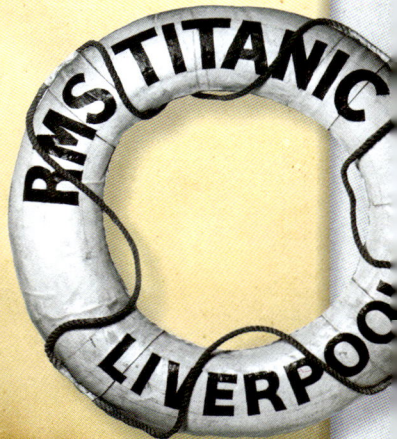

奇妙的事实

从"泰坦尼克"号上救下了两只狗。

"泰坦尼克"号的四根大烟囱中，只有三根发挥作用。多建造一根烟囱纯粹是为了使船看起来更宏伟。

当时海上航运的惯例是要带几只猫上船以带来好运，但是"泰坦尼克"号没有带猫。

新的发现

" 泰坦尼克"号的残骸在海底躺了73年之后才被找到。1985年,罗伯特·巴拉德和吉恩·路易斯·米歇尔进行了海底考察,发现船身位于水下3 700米,纽芬兰米斯特肯岬角东南方595千米处。船尾和船头的方向相对,相隔600米远。

海底的宝藏

在海底，船头船尾附近的区域散落着船只残骸、家具碎片、餐具和乘客们的个人物品。考古学家们还在海底发现了6000多件艺术品，包括衣服、私人信件、支票、珠宝、瓷器，甚至画框。

铃铛

这副原来挂在"泰坦尼克"号上的铃铛，现在在一家海事博物馆展出。

洗漱池

这是头等舱里的洗漱池，有冷热水龙头。

舷窗

若干舷窗都从海底打捞了上来，妥善保存。

陶器

很多陶制碟子、杯子、茶托竟然完好无损，真让人惊讶。

金首饰

打捞上来的珠宝中，有这样一串饰有金块的项链。

望远镜

打捞上来的许多私人物品中，有一副望远镜。

旅游手册

　　"泰坦尼克"号首航前，白星公司做了广泛宣传，以招徕顾客。

　　为"泰坦尼克"号写一本你自己的旅游手册吧。

1 先看看现在的旅行社用什么样的旅游手册，上网查一查航运公司是怎样宣传的。但是记住你的旅游手册要体现出1912年的时代特征。

2 想一想，你想要哪些人成为你的顾客，1912年的富翁吗？如果是，你应该如何说服他们坐你的船呢？对20世纪初的富人们做广告，你觉得应该用怎样的广告语言呢？

3 想一想，你的潜在客户想通过手册了解哪些关键信息呢？手册应该包括的重要信息有价格、安全状况、航行路线、航行时间。

4 列一张清单，写上你觉得"泰坦尼克"号能吸引顾客的各种特征和设施，再想想你会在自己的旅游手册中如何——呈现这些卖点。

5 决定用哪些图片来更好地展现"泰坦尼克"号的优点。

6 设计并做出你自己的手册。

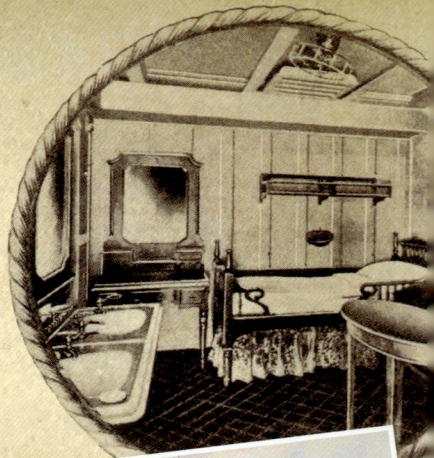

知识拓展

考古学家 (archaeologists)
　　研究人类历史、发掘历史遗址、考察历史文物的人。

施洗、取名 (christen)
　　为船只举行开香槟仪式，并且命名。

船上的观察台 (crow's nest)
　　固定在船只桅杆顶部的平台，用来远距离观测。

诅咒 (cursed)
　　用超自然力量引起灾难。

船体 (hull)
　　船只的主体部分，不包括桅杆、帆索和发动机。

低体温症状 (hypothermia)
　　体温过低。

龙骨 (keel)
　　使船只更加坚固的一种结构。龙骨位于船体下侧正中，与船同长。

海事法 (maritime law)
　　为各项海运事宜、违规操作、意外事故提供处理依据的法律。

锚泊 (mooring)
　　系船、泊船的地方。

走廊 (promenade)
　　通道、过道。

预言 (prophecy)
　　预测未来会发生什么事情的言论。

铆钉 (rivets)
　　金属针别针、螺栓，用来把两块金属钉在一起。

尾流 (wake)
　　船或飞机在开动时在尾部形成的冰流或气流的搅动现象。

探索·科学百科™

Discovery EDUCATION™

世界科普百科类图文书领域最高专业技术质量的代表作

小学《科学》课拓展阅读辅助教材

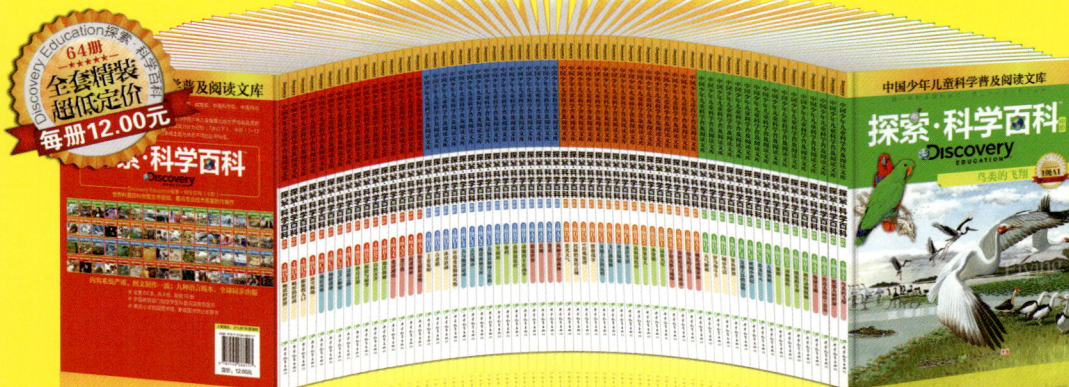

64册
全套精装
超低定价
每册12.00元

Discovery Education探索·科学百科（中阶）丛书，是7~12岁小读者适读的科普百科图文类图书，分为4级，每级16册，共64册。内容涵盖自然科学、社会科学、科学技术、人文历史等主题门类，每册为一个独立的内容主题。

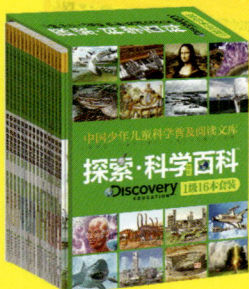

Discovery Education
探索·科学百科（中阶）
1级套装（16册）
定价：192.00元

Discovery Education
探索·科学百科（中阶）
2级套装（16册）
定价：192.00元

Discovery Education
探索·科学百科（中阶）
3级套装（16册）
定价：192.00元

Discovery Education
探索·科学百科（中阶）
4级套装（16册）
定价：192.00元

Discovery Education
探索·科学百科（中阶）
1级分级分卷套装（4册）（共4卷）
每卷套装定价：48.00元

Discovery Education
探索·科学百科（中阶）
2级分级分卷套装（4册）（共4卷）
每卷套装定价：48.00元

Discovery Education
探索·科学百科（中阶）
3级分级分卷套装（4册）（共4卷）
每卷套装定价：48.00元

Discovery Education
探索·科学百科（中阶）
4级分级分卷套装（4册）（共4卷）
每卷套装定价：48.00元